まちごとチャイナ

Guangdong 003 Guangzhouguchen
広州古城
「海のシルクロード」と中国南大門

Asia City Guide Production

【白地図】広州

CHINA
広東省

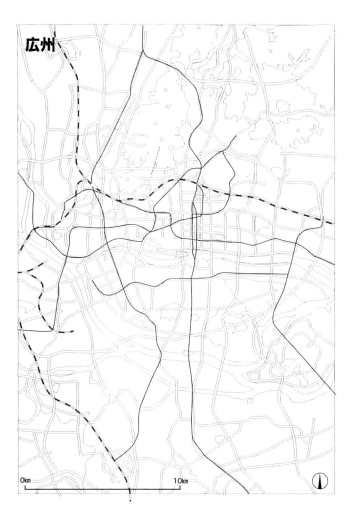

【白地図】越秀山近郊

CHINA
広東省

越秀山近郊

Guangzhou 白地図

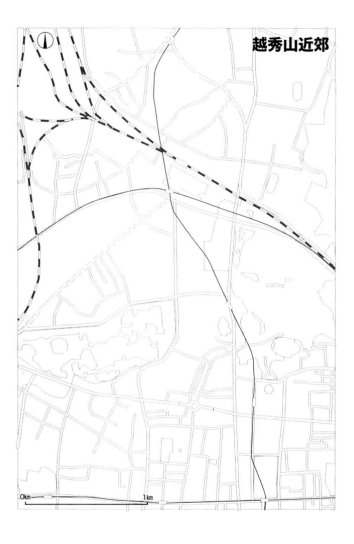

【白地図】広州駅

CHINA
広東省

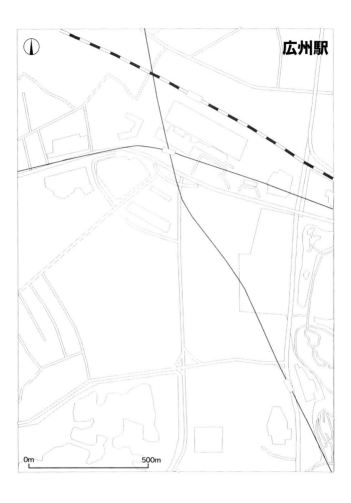

【白地図】越秀公園

CHINA
広東省

越秀公園

Guangzhou 白地図

【白地図】広州中心部

CHINA
広東省

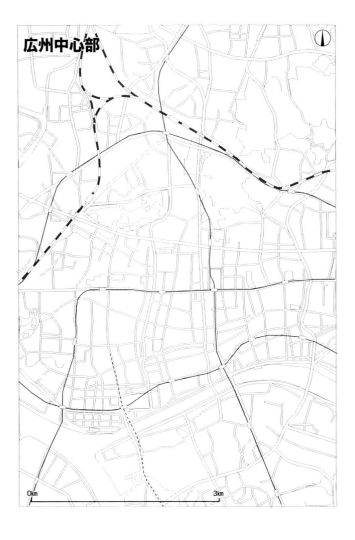

【白地図】広州古城

CHINA
広東省

広州古城

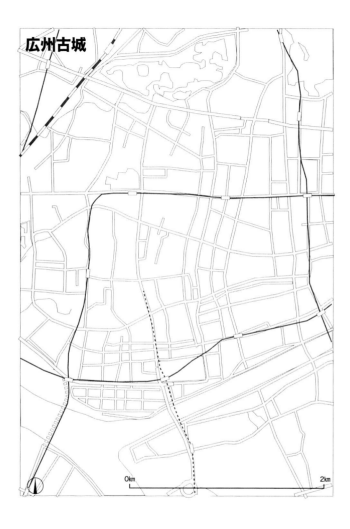

Guangzhou 白地図

【白地図】人民公園と古城東部

CHINA
広東省

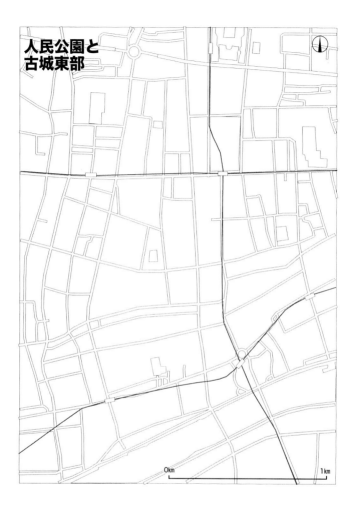

【白地図】光孝寺

CHINA
広東省

光孝寺

Guangzhou | 白地図

【白地図】上下九路と古城西部

CHINA
広東省

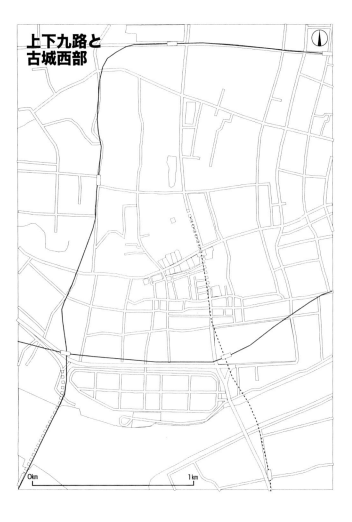

【白地図】沙面

CHINA
広東省

沙面

Guangzhou 白地図

【白地図】西関大屋

CHINA
広東省

西関大屋

Guangzhou

白地図

【まちごとチャイナ】

広東省 001 はじめての広東省

広東省 002 はじめての広州

広東省 003 広州古城

広東省 004 天河と広州郊外

広東省 005 深圳（深セン）

広東省 006 東莞

広東省 007 開平（江門）

広東省 008 韶関

広東省 009 はじめての潮汕

広東省 010 潮州

広東省 011 汕頭

CHINA
広東省

華南を潤す珠江の支流（西江、北江、東江）が集まった地に開けた広州。南海にのぞむ地理をもち、中国北部や内陸部を結ぶ珠江水系を利用できることから、古くから物資の集散地点となってきた。この街の南海交易の歴史は、始皇帝の時代（紀元前3世紀）よりもさかのぼると言われる。

とくに航海技術が進歩し、海の交通路の往来が盛んになった東晋時代（4〜5世紀）から文化や物資が広州に流入し、仏法や経典をたずさえたインド僧も多くこの街を訪れた。国際都市としての顔は唐代、10万人ものアラブやペルシャ商人

「海のシルクロード」と中国南大門
広州古城 guǎng zhōu gǔ chéng
グァンチョウグゥチャン
Guang Zhou Gu Cheng

が広州に居住区をつくっていたという記録からうかがえる。

また17〜19世紀の清代には実質的な鎖国政策がとられ、北京から離れた広州は唯一の開港場として対外貿易が行なわれた。こうした事情から中国との交易を求めるポルトガルが広州近くのマカオ（明代）に、またイギリスが香港（清末）に拠点を構えたという歴史もあり、その開放的な街の雰囲気は現代まで続いている。

【まちごとチャイナ】

広東省 003 広州古城

目次

広州古城 …………………………………………………xxiv

南海交易が育んだ街の気風…………………………………xxx

越秀山城市案内……………………………………………xxxiv

古城東部城市案内 …………………………………………lxii

広州と嶺南仏教の伝統 ……………………………………lxxxi

古城西部城市案内 …………………………………………lxxxvii

広州からマラッカインド洋 ………………………………cviii

【MEMO】

【地図】広州

【地図】広州の [★★★]
- [ ] 中山記念堂 中山纪念堂 チョンシャンジィニェンタン
- [ ] 広州古城 广州古城 グァンチョウグゥチャン
- [ ] 沙面 沙面 シャアミィエン

【地図】広州の [★★☆]
- [ ] 越秀公園 越秀公园 ユェシィウゴンユェン

【地図】広州の [★☆☆]
- [ ] 広州駅 广州站 ガンチョウチャン

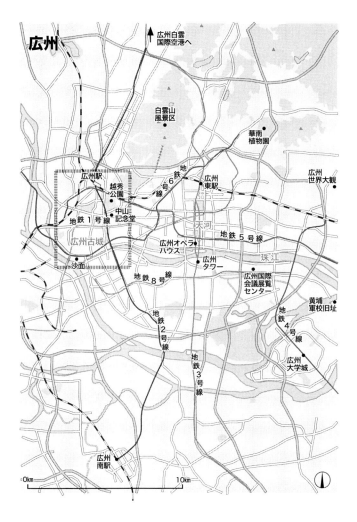

南海交易が育んだ街の気風

CHINA
広東省

中国華南最大の都市広州
2000年を超える伝統をもち
街には多くの史跡が残る

南海交易の拠点

中国南端に位置し、南海にのぞむ広州は、南からの船がまずたどり着く街で、インドやアラビア、東南アジアからの物資を運ぶ海のシルクロードの窓口となってきた。始皇帝以前の時代から、南方産の綿花、乳香や沈香などの香木、象牙が広州に運ばれ、広州を通じて中国の絹織物、陶磁器、お茶などが輸出された。唐代（7～10世紀）にはアラブやペルシャの商人が多くこの街に暮らし、また宋代になると中国のジャンク船が広州と東南アジア、インド洋のあいだを往来した。こうした南海交易の中心地という性格は、宋元代に福建省泉

▲左 古代広州では、漢族とは異なる越系の人々が暮らしていた。 ▲右 「食在広州」で有名な広東料理蓮香楼の点心

州にその地位をゆずったこともあるが、中国史を通して続くことになった。ポルトガルがマカオを、イギリスが香港を獲得したのは広州が海洋交易の中心地であったことによる。

亜熱帯の花が咲く街

中国華南は亜熱帯性の気候をもち、温暖で湿度も高い広州では緑豊かな公園がいくつもある（乾燥した黄土高原が広がる華北とは植生はじめ、食文化、人々の性格まで異なる）。暖かい気候から、1年中さまざまな花で彩られる広州は、「花城」の別名をもつ。3〜4月ごろにはキワタノキ（市花）が真っ

CHINA
広東省

赤な花を咲かせるほか、椰子やガジュマルなどが見られる(春節を迎える大晦日の「除夕花市」も有名)。また楊貴妃にも愛された荔枝は南国の特産品で、宋代、広州近郊には100種類もの荔枝が実っていたという。

革命の聖地

中国では、始皇帝が中国を統一した紀元前221年以来、皇帝が統治する体制が2000年に渡って続いてきた。最後の王朝である清は1911年に起きた辛亥革命で倒れたが、この中国の革命は北京から遠く離れた広州を中心に進んだ(「中国革

▲左　清朝末期、孫文が革命運動を展開した広州。　▲右　騎楼と呼ばれるアーケードをもつ広州古城

命の父」孫文は、広州南東の香山県に生まれ、中国国民党を結成するなど広州に拠点をおいて活動を続けた）。皇帝ではなく人民中心の国づくりを目指した革命派がいくどとなく蜂起したことから、広州の街にはいたるところに革命にまつわる史跡が残る。また毛沢東、周恩来、劉少奇らの中国共産党の活動もこの街で行なわれ、国民党の史跡、共産党の史跡が残るほか、孫文（中山堂など）の名を冠した建物や通りも目につく。

**Guide,
Yue Xiu Shan**

越秀山
城市案内

CHINA
広東省

広州市街をのぞむように広がる越秀山
明代に建てられた鎮海楼
そこから南には、中山記念堂がたたずむ

西漢南越王墓博物館 西汉南越王墓博物馆
xī hàn nán yuè wáng mù bó wù guǎn
シィハンナンユエワンムゥボォウゥガン ［★★★］

越秀山の西側に位置する小さな象崗山を利用してつくられた西漢南越王墓博物館。この象崗山での工事中、山頂から深さ17mのところで大型石室墓が発見され、それは紀元前207～前111年に広州を中心に華南をおさめた独自政権南越の第2代文帝のものだった（始皇帝の武将であった趙佗が秦滅亡後に独立して樹立。中原は西漢こと前漢がおさめていた）。その墓室と丘陵を利用して博物館が建てられ、ここには「文帝

▲左　南越国第2代文帝の絲縷玉衣。　▲右　石質墓の内部、ここから王の遺体が発見された

行璽」の金印、「趙眜（文帝の名前）」という玉印のほか玉衣で包まれた遺体の複製品が安置されている。また1000点以上の出土品のなかで、南越を構成した古代越族による銅製の鼎、玉製品などで高い工芸技術が見られる。

石室墓 石室墓 shí shì mù シィシィムゥ ［★☆☆］

象崗山の頂上部から深さ17mのところで、1983年に発見された石室墓。奥行き10.8m、東西12.5mの規模をもち、7つの墓室からなる（前部3室、後部4室）。そのなかの後部の主棺室には木製の棺があり、玉衣で包まれた文帝の遺体がおさめら

【地図】越秀山近郊

【地図】越秀山近郊の ［★★★］
- ☐ 西漢南越王墓博物館 西汉南越王墓博物馆 シィハンナンユエワンムゥボォウガン
- ☐ 中山記念堂 中山纪念堂 チョンシャンジィニェンタン
- ☐ 光孝寺 光孝寺 グアンシャオスー

【地図】越秀山近郊の ［★★☆］
- ☐ 越秀公園 越秀公园 ユェシィウゴンユェン
- ☐ 鎮海楼（広州博物館）镇海楼 チェンハイロウ
- ☐ 五羊仙庭 五羊仙庭 ウゥヤンシィアンティン
- ☐ 三元宮 三元宫 サンユェンゴン
- ☐ 陳家祠 陈家祠 チェンジャアツー

【地図】越秀山近郊の ［★☆☆］
- ☐ 広州駅 广州站 ガンチョウチャン
- ☐ 中山記念碑 中山纪念碑 チョンシャンジィニェンベイ
- ☐ 四方砲台遺跡 四方炮台遗迹 スーファンパオタイイージィ
- ☐ 蘭圃 兰圃 ランプゥ
- ☐ 清真先賢古墓 清真先贤古墓 チンチェンシァンシャングゥムゥ
- ☐ 流花湖公園 流花湖公园 リィウファフゥゴンユェン

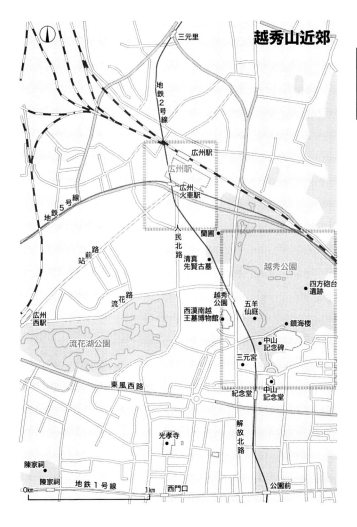

広東省

れていた。また皇帝の4人の夫人が玉器、銅鏡とともに埋葬されていたほか、礼器、楽器、兵器、車馬器なども発見された。

絲縷玉衣 丝缕玉衣 sī lǚ yù yī シィリュウユゥユィ ［★★☆］
1191枚の玉盤を赤の絹糸でぬいあわせた玉衣をまとった状態で発見された南越国第2代文帝。この絲縷玉衣をまとった遺体のうえには、文帝行璽の金印はじめ8つの印章がおかれていた。この印章は中原の漢にならって、南越国でつくられたもので、漢の側からは僭越者と見られていたため、西漢南越王墓（漢のおさめる領域である南越の王）という名称になっている。

越秀山城市案内

▲左 古代越の工芸文化が非常に高い水準だったことがわかる。 ▲右 中原から遠く離れたこの地に生きた人々

越とは何か

周や秦といった古代中国の王朝は、黄河中流域に興り、そこは世界の中心（中原）とされてきた。一方、中原からはるか遠く離れた広州は、歴史は古いものの紀元前3世紀の始皇帝による遠征まで中国の領域ではなく、中原とは異なった言葉、文化をもつ越族が暮らしていた。これら越族は米を主食として魚を食べ、また靴を脱いでなかに入る高床式住居に居住した。越族（百越）の人々は、長江以南からベトナム北部にかけて広く分布し、中原からは南蛮と呼ばれていた。歴史のなかで漢族との混血が進んだが、現在でも古代越の要素はチワ

【地図】広州駅

【地図】広州駅の [★★★]
- [ ] 西漢南越王墓博物館 西汉南越王墓博物馆 シィハンナンユエワンムゥボォウゥガン

【地図】広州駅の [★★☆]
- [ ] 越秀公園 越秀公园 ユェシィウゴンユェン
- [ ] 五羊仙庭 五羊仙庭 ウゥヤンシィアンティン

【地図】広州駅の [★☆☆]
- [ ] 広州駅 广州站 ガンチョウチャン
- [ ] 蘭圃 兰圃 ランプゥ
- [ ] 清真先賢古墓 清真先贤古墓 チンチェンシァンシャングゥムゥ
- [ ] 流花湖公園 流花湖公园 リィウファフゥゴンユェン

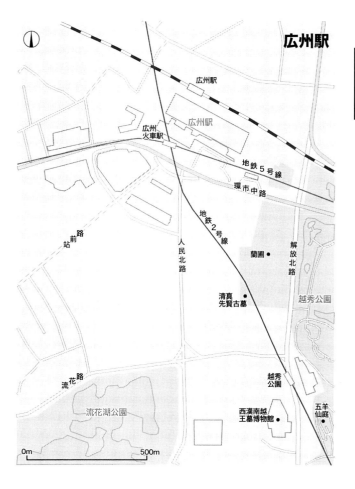

【地図】越秀公園

【地図】越秀公園の ［★★★］
- ☐ 西漢南越王墓博物館 西汉南越王墓博物馆 シィハンナンユエワンムゥボォウゥガン
- ☐ 中山記念堂 中山纪念堂 チョンシャンジィニェンタン

【地図】越秀公園の ［★★☆］
- ☐ 越秀公園 越秀公园 ユェシィウゴンユェン
- ☐ 鎮海楼（広州博物館）镇海楼 チェンハイロウ
- ☐ 五羊仙庭 五羊仙庭 ウゥヤンシィアンティン
- ☐ 三元宮 三元宮 サンユェンゴン

【地図】越秀公園の ［★☆☆］
- ☐ 中山記念碑 中山纪念碑 チョンシャンジィニェンベイ
- ☐ 四方砲台遺跡 四方炮台遗迹 スーファンパオタイイージィ

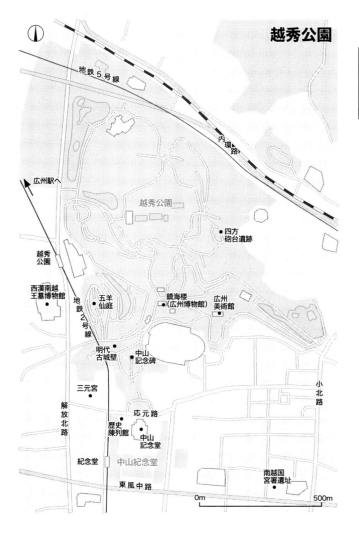

CHINA
広東省

ン族はじめ布依族、水族、侗族、黎族、傣族、高山族などの少数民族に残っている(また弥生人との関係も指摘されている)。

広州駅 广州站 guǎng zhōu zhàn ガンチョウチャン [★☆☆]
広州市街の北西部に位置する広州駅。広東省各地、武漢や昆明などに鉄道が通じ、この街の玄関口となっている(広州と北京を結ぶ京広線はじめ、広東省東部、広東省西部へ路線が続く)。また広州には香港方面へ向かう広州東駅、高速鉄道和諧号の走る広州南駅もある。

越秀山城市案内

越秀公園 越秀公园
yuè xiù gōng yuán ユェシィウゴンユェン ［★★☆］

広州市街を見わたす高台に位置し、市民の憩いの場となっている越秀公園。北の白雲山から広州市街へ向かって連なる越秀山の地形を利用して整備され、山全体が公園になっている。越秀山という名前は、前漢時代に南越を樹立した趙佗が越王台を築いたことに由来し、歴代王朝の統治拠点がここにおかれてきた（山の高さは70mで、清代に開発された。また広州官吏の建てた観音閣にちなんで観音山ともいう）。山頂では、五羊仙庭、鎮海楼、中山記念碑など広州を象徴する建造物が見られる。

CHINA
広東省

鎮海楼(広州博物館)镇海楼 zhèn hǎi lóu チェンハイロウ[★★☆]
明代の1380年、朱亮祖によって建てられた高さ28m、五層の楼閣、鎮海楼。明代、広州北側の城壁が拡張されたとき、倭寇の襲撃に備えるため、越秀山のもっとも高い場所を選んで設計された。「五嶺以南第一楼」とたたえられる華南を代表する建築で、上部からは広州市街を見わたすことができる。明代中期の1536年と清代の1687年に再建され、1840年のアヘン戦争でも破壊をこうむっているが、1928年に再建され、木造から現在の様式となった。現在は広州博物館となっていて、アヘン戦争時に使用された大砲が入口におかれてい

▲左　鎮海楼は広州を象徴する建物のひとつ。　▲右　越秀公園の敷地内、亜熱帯の豊かな緑が広がる

るほか、1〜4階までが青銅器はじめ各時代の文物の展示が見られる(収蔵品は2万点にもなる)。広州博物館は1929年に設立された広州博物院の流れをくみ、中国でもっとも歴史ある博物館のひとつとして知られる。

海門鎮守を願って

広州の繁栄と平和を願って1380年に鎮海楼を造営した朱亮祖は、明の初代洪武帝(朱元璋)の命で広州統治にあたった。広州の街はそれまで3つの地域にわかれていたが、それを統合して北に拡大させ、北側の城壁が越秀山に達したため、風

広東省

水をふまえて越秀山の山頂に楼閣を築いたという。当時は望海楼と呼ばれ、「海を望む（望海楼）」「海を鎮める（鎮海楼）」という海は珠江を意識したものだとされている。

中山記念碑 中山纪念碑 zhōng shān jì niàn bēi
チョンシャンジィニェンベイ［★☆☆］

越秀山に立つ高さ37m、花崗岩製の中山記念碑。国民党時代の1929年、孫文を記念して建てられたもので、南側に孫中山記念堂が位置する。日中戦争のとき、日本軍はこの記念碑を目標に広州を爆撃したという。

▲左 そびえる中山記念碑、孫文を記念して建てられた。　▲右　稲穂をくわえた羊、「羊城」の由来になった

五羊仙庭 五羊仙庭
wǔ yáng xiān tíng ウゥヤンシィアンティン [★★☆]

五羊仙庭は越秀公園に立つ広州のシンボルのひとつで、稲穂をくわえた5匹の羊の像が見られる。伝説では、周代の紀元前887年に広州は飢饉に見まわれ、人々は餓えることになった。そのとき、南海の空から5人の仙人が稲穂をくわえた5匹の羊に乗り、天から降りてきて広州を救った。以来、広州は餓えることなく、豊かな稲穂が実るようになったのだという。1960年に建立されたこの五羊仙庭の像は130tを超す花崗岩が使われ、もっとも大きな羊は頭だけで2tの重さがある。広州

の別名である「穂城」や「羊城」はこの五羊仙庭の故事にちなむ。

四方砲台遺跡 四方炮台遗迹 sì fāng pào tái yí jì
スーファンパオタイイージィ [★☆☆]

越秀山公園の翻龍崗に残る四方砲台遺跡。現在は土台を残し、大砲は広州博物館におかれている（名前は、方形の外観にちなむ）。この四方砲台は清代の1653年に広州城の防衛のためにつくられた。1841年、アヘン戦争のさなか、広州に上陸したイギリスがこの砲台を占領して司令部をおいたが、三元里の住民が蜂起し、イギリスは撤退している。

▲左　中山記念堂、くつろぐ人びとの姿も見られる。　▲右　青色の屋根、八角形のプランをもつ中山記念堂

中山記念堂 中山纪念堂 zhōng shān jì niàn táng
チョンシャンジィニェンタン［★★★］

「中国革命の父」孫文を記念した中山記念堂（孫文は、孫中山と呼ばれる）。越秀公園の南麓に立ち、青色の瑠璃瓦がふかれた高さ47mの記念堂の前には孫文の銅像が立つ。もともと清代、この場所には兵を管理する督練公所があり、辛亥革命が起こった1911年以後は督軍公署、また1921年〜22年には孫文の総統府がおかれていた。1925年、孫文が死去すると広州市民や華僑の資金協力もあって、南京の中山陵（孫文の墓）を設計した呂彦直の手で中山記念堂も設計された。

CHINA
広東省

八角形のプランをもち、柱を使わない構造の内部には4700の座席があり、外側正面には孫文がスローガンとした『礼記』の文言「天下為公（天下を公となす）」の額が見える。また記念堂西側には孫中山記念館があり、孫文にまつわる展示が見られる。

孫文の呼称いろいろ

孫文は広東省香山県（現在の中山市）に生まれた。孫中山、孫逸仙とも表記されるが、「孫」は氏、「文」は名、「逸仙」は字となっている。中山記念堂にも使われている孫中山とは、

▲左　朝焼けが越秀山を染めあげていく。　▲右　中国近代史にまつわる展示、広州は革命の激震地となった

日本での亡命中に中山樵と名乗っていたことにちなみ、尊称として孫中山が使われる（いち早く明治維新を成功させ、近代化を進めていた日本には多くの中国人が留学し、中国革命の拠点になっていた）。また英語では、孫逸仙の南方音から「Sun Yat-sen（サンヤットセン）」と呼ばれる。

三元宮 三元宮 sān yuán gōng サンユェンゴン [★★☆]

中山記念堂の北西に位置し、越秀山の傾斜を利用して立つ三元宮。広州でも最大規模の道教寺院で、道教では世界を構成する「天地水」を三元と呼ぶことに由来する。東晋の南海太

広東省

守鮑靚（ほうせい）によって建てられ、当時は越崗院という名前だったが、唐代に悟性寺と改称され、その後、明代に三元宮という名前となった。

蘭圃 兰圃 lán pǔ ランプゥ [★☆☆]
蘭圃は越秀公園の西側に広がる公園。亜熱帯の植生のなか、とくに美しい蘭が咲くことで知られる。また敷地内には茶芸館があり、さまざまな茶を楽しむことができる。

▲左　広州駅、北京や上海へ鉄道路線が伸びている。　▲右　道教寺院の三元宮

清真先賢古墓 清真先贤古墓 qīng zhēn xiān xián gǔ mù
チンチェンシァンシャングゥムゥ ［★☆☆］

蘭圃の西に位置する清真先賢古墓は、唐代に創建された歴史をもち、その時代から広州に住んだイスラム教徒の墓が残っている(清真とは中国語でイスラム教を意味する)。唐代から、交易のために中国を訪れたアラビア人やペルシャ人などの末裔は中国化して回族と呼ばれ、この清真先賢古墓でも牌楼が見られるなど中国式の建築となっている。

広東省

流花湖公園 流花湖公园 liú huā hú gōng yuán
リィウファフゥゴンユェン [★☆☆]

広州西駅近くに位置する広大な流花湖公園。敷地の多くを湖がしめ、その周囲で憩う人々の姿が見える。また茶芸城でお茶を楽しむことができる。

【地図】広州中心部

【地図】広州中心部の [★★★]
- ☐ 西漢南越王墓博物館 西汉南越王墓博物馆 シィハンナンユエワンムゥボォウゥガン
- ☐ 中山記念堂 中山纪念堂 チョンシャンジィニェンタン
- ☐ 広州古城 广州古城 グァンチョウグゥチャン
- ☐ 光孝寺 光孝寺 グアンシャオスー
- ☐ 上下九路 上下九路 シャンシャアジウリュウ
- ☐ 沙面 沙面 シャアミィエン

【地図】広州中心部の [★★☆]
- ☐ 越秀公園 越秀公园 ユェシィウゴンユェン
- ☐ 鎮海楼（広州博物館）镇海楼 チェンハイロウ
- ☐ 懐聖寺 怀圣寺 ファイシェンスー
- ☐ 珠江 珠江 チュウジアン

【地図】広州中心部の [★☆☆]
- ☐ 広州駅 广州站 ガンチョウチャン
- ☐ 流花湖公園 流花湖公园 リィウファフゥゴンユェン

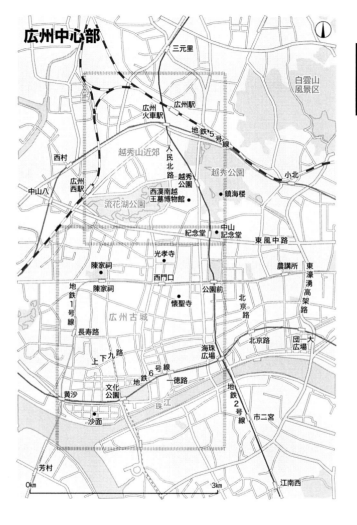

【地図】広州古城

【地図】広州古城の ［★★★］
- [ ] 広州古城 广州古城 グァンチョウグゥチャン
- [ ] 光孝寺 光孝寺 グアンシャオスー
- [ ] 上下九路 上下九路 シャンシャアジウリュウ
- [ ] 沙面 沙面 シャアミィエン
- [ ] 中山記念堂 中山纪念堂 チョンシャンジィニェンタン

【地図】広州古城の ［★★☆］
- [ ] 六榕寺 六榕寺 リィウロンスー
- [ ] 懐聖寺 怀圣寺 ファイシェンスー
- [ ] 越秀公園 越秀公园 ユェシィウゴンユェン
- [ ] 珠江 珠江 チュウジアン
- [ ] 西関大屋 西关大屋 シィガンダァウー
- [ ] 陳家祠 陈家祠 チェンジャアツー

【地図】広州古城の ［★☆☆］
- [ ] 五仙観 五仙观 ウーシィアンガン
- [ ] 聖心堂 圣心堂 シェンシンタン
- [ ] 華林寺 华林寺 ファリンスー
- [ ] 流花湖公園 流花湖公园 リィウファフゥゴンユェン

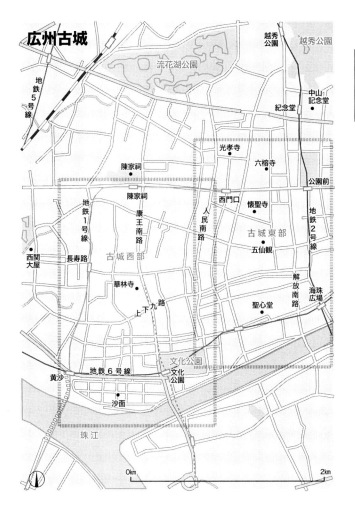

Guide,
Gu Cheng Dong Fang
古城東部
城市案内

唐代、失脚した官吏の流刑地となっていた広州
中原から遠く離れていたゆえに、独自の文化が花開き
仏教寺院や史跡も多く残る

広州古城 广州古城 guǎng zhōu gǔ chéng
グァンチョウグゥチャン ［★★★］

紀元前から繁栄してきた広州は、2000年以上も都市が持続する中国でも有数の古都として知られる。歴代王朝の都がおかれた旧市街は、人民公園あたりから珠江にかけての場所で、漢代の南越国、五代十国の南漢、明滅亡後の南明といった地方政権の都にもなってきた。とくに南漢最後の皇帝劉鋹はこの地に昌華苑（庭園）を造営し、茘枝が熟するときに紅雲宴という盛大な宴を催したと伝えられる（茘枝は鮮やかな赤色をしているので、赤い雲が広がるようだったことからこの名

▲左　華林寺へ続く参道。　▲右　中国でも有数の伝統をもつ光孝寺

前がつけられた）。街の周囲にめぐらされた城壁は、時代を追うごとに拡大し、明代には鎮海楼が建てられ、そこが城郭の北側となった。

南漢の都となった広州

唐（618～907年）末期になると、各地方の藩鎮が独立的な傾向を見せ、やがて五代十国という分裂時代に入った。この時代、現在の広東と広西に版図をもったのが南漢で、広州は興王府と呼ばれていた。もともと南漢の創始者である劉隠の一族は、河南から福建省へ移住し、南海交易で財を築き、父

【地図】人民公園と古城東部

【地図】人民公園と古城東部の [★★★]
- [ ] 広州古城 广州古城グァンチョウグゥチャン
- [ ] 光孝寺 光孝寺グアンシャオスー
- [ ] 中山記念堂 中山纪念堂チョンシャンジィニェンタン

【地図】人民公園と古城東部の [★★☆]
- [ ] 六榕寺 六榕寺リィウロンスー
- [ ] 懐聖寺 怀圣寺ファイシェンスー
- [ ] 珠江 珠江チュウジアン

【地図】人民公園と古城東部の [★☆☆]
- [ ] 五仙観 五仙观ウーシアンガン
- [ ] 聖心堂 圣心堂シェンシンタン

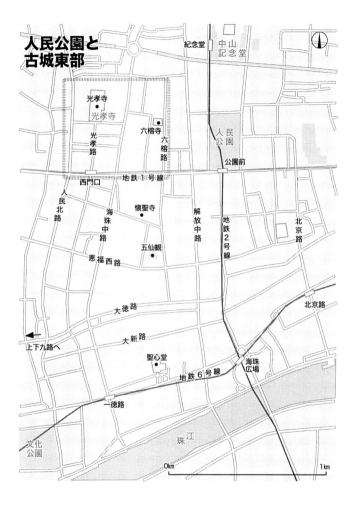

CHINA
広東省

の劉謙の代に広州へ移ってきた。黄巣の乱などで混乱にあった広州を武力で平定し、劉隠は905年に清海軍節度使となった。唐が滅び、華北に後梁が樹立されると、909年に後梁から南平王に、911年には南海王に奉ぜられた。五代十国の諸王朝は武人的傾向が強かったが、南漢では文官による統治が行なわれ、971年、宋に入ったとき、広州の宮廷には7000人の宦官が仕えていたという（唐代の広州は失脚した高級官吏の流刑地だったという性格から、南漢ではこれらの人々が積極的に登用された）。

▲左 力強い彫刻、彩色がほどこされている。　▲右　10世紀に建てられた東鉄塔、当時、広州は南漢がおさめていた

光孝寺 光孝寺 guāng xiào sì グアンシャオスー ［★★★］

光孝寺は嶺南仏教の総本山で、広東省でもっとも由緒ある仏教寺院。光孝寺のある場所は、紀元前2世紀に南越国の第5代趙建徳の王宮がおかれ、また三国時代に左遷された呉の官吏虞翻が庭園をおいた地だとされる。やがて仏教寺院に転用され、東晋の4世紀以後から隋唐代にかけて、南海経由で広州に訪れたインド人仏教僧がこの寺で経典を翻訳したことから、最新のインド仏教を布教する拠点になっていた（南宋の1157年に光孝寺という名前になった）。この寺院の伽藍は宋代の建築様式を残し、華南に現存する最古の建築だと言われる。

【地図】光孝寺

【地図】光孝寺の ［★★★］
- [ ] 光孝寺 光孝寺 guāng xiào sì グアンシャオスー

【地図】光孝寺の ［★★☆］
- [ ] 六榕寺 六榕寺 liù róng sì リィウロンスー

【地図】光孝寺の ［★☆☆］
- [ ] 六祖殿 六祖殿 liù zǔ diàn リィウチュウディエン
- [ ] 東西鉄塔 东西铁塔 dōng xī tiě tǎ ドンスーティエタァ

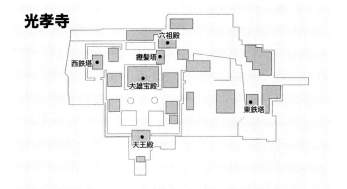

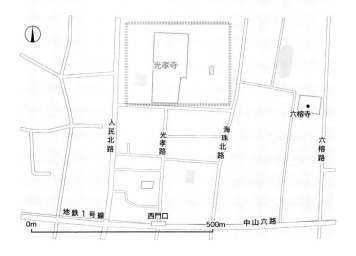

CHINA
広東省

六祖殿 六祖殿 liù zǔ diàn リィウチュウディエン [★☆☆]
禅宗の六祖慧能の名前がつけられた光孝寺の六祖殿(慧能は、達磨にはじまる禅の第6祖。この系譜から日本の臨済宗や曹洞宗も出ている)。宋代の989年に鋳造された慧能の銅像が安置されているほか、六祖殿近くには慧能の髪が納められているという瘞髪塔が立つ。

東西鉄塔 东西铁塔 dōng xī tiě tǎ
ドンスーティエタァ [★☆☆]
四角七層からなり、中国でも最古級の鉄塔として知られる東

▲左　大雄宝殿を中心に展開する光孝寺の伽藍。　▲右　広州では仏教の伝統が今も息づく

西鉄塔（高さ 6.35m）。五代十国のひとつ南漢の都が広州におかれていた 967 年に鋳造された。

六榕寺 六榕寺 liù róng sì リィウロンスー ［★★☆］

「花塔」と呼ばれる高さ 57m、九層の美しい仏塔が立つことで知られる六榕寺。南北朝の梁の武帝がおさめる 537 年、カンボジアから運ばれた仏舎利をおさめる塔を建てたことにはじまり、宋代に再建された（2 世紀ごろまでの仏教では仏像をつくることが許されず、ブッダの遺灰を塔におさめて信仰対象とした）。この花塔を中心に大雄宝殿、観音殿などが残

CHINA
広東省

り、それぞれに安置された高さ 6m の三尊像、高さ 4m の観音像は清代の 1663 年に鋳造された広東省で最大規模の銅像となっている。

六榕寺という名前

6 世紀に造営されたとき、宝荘厳寺と呼ばれていたこの寺は、10 世紀の南漢時代に長寿寺になり、宋代の 989 年に重修されたときに浄慧寺という名前になった。その後、六榕寺と呼ばれるようになったのは明代初期のことで、宋代、蘇東坡がこの地を訪れたとき、敷地内に咲いていた 6 株の榕樹ことガ

▲左　六榕寺の花塔、高さは57mになる。　▲右　豚肉が使われていない清真料理

ジュマルをたたえて筆をとったことにちなむ。蘇東坡は王安石の新法党に対して、旧法党の代表格と見られ、政争に敗れて当時、流刑地であった南方へ左遷された。

懐聖寺 怀圣寺 huái shèng sì ファイシェンスー　[★★☆]
懐聖寺は唐代の627年に創建された中国でももっとも伝統のあるモスク（アラビア人阿布、苑葛素によるもので、懐聖とはイスラム教の創始者「ムハンマドを思慕する」を意味する）。唐代、南海交易の拠点となっていた広州には、多くのアラビア商人が暮らし、この界隈に「蕃坊」と呼ばれる居住地を構

えていた。前門にはアラビア文字の表記が見られるほか、道路に面して高さ 36.6m の円型ミナレットが立つ。古くはミナレットの塔頂に火をともしたことから、このミナレットは「光塔」と呼ばれ、広州への季節風が吹く毎年 5、6 月に信徒が塔にのぼって風向きを祈ったという。

蕃坊とは

2000 年以上に渡って南海交易の拠点となってきた広州。4 世紀にはこの街にインド洋を渡ってきたゾロアスター教徒の商人がいたとされ、6、7 世紀の唐代にはペルシャ人やアラビア

▲左　通り沿いに立つ懐聖寺のミナレット。　▲右　道教寺院の五仙観、さまざまな宗教の寺院がならび立つ

人のイスラム商人が多く見られるようになった。中国側はそれら外国人を蕃坊と呼ばれる区画に隔離して管理し、皇帝から任命された蕃長（外国人の代表）が管理にあたった。唐を滅亡に追いこんだ9世紀末の黄巣の乱で、反乱軍の黄巣は広州節度使を要求したが、「南海の貿易の利は莫大なことから」それはかなわず、そのとき広州で12万人ものアラブ人やペルシャ人が殺されたと伝えられる（広府の音訳カンフーの話として、アラビア側の記録に残っており、多くの外国人がこの街に暮らしていたことがわかる）。宋代に入ると、この蕃坊には市場（蕃市）ができ、学校（蕃学）も見られたという。

広東省

五仙観 五仙观 wǔ xiān guān ウーシアンガン ［★☆☆］

五仙観は、広州古城に位置する道教寺院。晋の時代、5人の仙人が5色の羊に乗って五穀をもって訪れた。当時、広州刺史をしていた呉修はこれを記念して五仙観を建立したのだという（広州には周代にも同様の伝説がある）。この五仙観は北宋、南宋、元と広州古城を転々としたが、明代の1377年に現在の位置になった。

▲左　石室こと聖心堂、美しいたたずまい。　▲右　騎楼と呼ばれる独特の建築様式

聖心堂 圣心堂 shèng xīn táng シェンシンタン ［★☆☆］

「石室」の愛称でも呼ばれる聖心堂は、1888年に建てられた美しいゴシック様式の教会。フランス人設計士の手による建物の本体は花崗岩製となっていて、美しい尖塔をもつ。この聖心堂が建てられた時代、ベトナムの領有権をめぐって清仏戦争（1883～85年）が行なわれ、広州湾が租借されるなどフランスは広州への影響力を強めていた。

【MEMO】

CHINA
広東省

広州と
嶺南仏教
の伝統

光孝寺、六榕寺、華林寺
広州には唐宋時代から続く仏教寺院が残り
嶺南仏教の伝統が息づく

海路で伝播した仏教

中国で生まれた儒教と道教に対し、仏教はインドから伝来した外来宗教で、南北朝から隋唐にかけて中国仏教は大きく発展するようになった(仏教は後漢代に伝来したが、この時代、貴族が内面性を重んじる仏教に傾斜していった)。東晋の僧、法顕がインドを訪ね、南海経由で中国に帰ってきたように、当時、インド、東南アジアと南中国を結ぶ交通路が確立されていたと見られる。この海路をたどって、インドの仏僧は最新の仏教を中国に伝えたが、その窓口となったのが広州だった。求那跋陀羅、智薬三蔵、菩提達磨、金剛智などの名僧が

広東省

中国を訪れ、パーリ語経典が広州の光孝寺などで漢語に翻訳された。6世紀、南朝の武帝はとくに篤く仏教を保護したことで知られ、中国仏教が大いに発展した。

達磨が伝えた「禅」

南インドのバラモン王の第3子として生まれた菩提達磨は、インドから中国に渡来して、禅思想を伝えた。ある説では、宋(南朝)の470年ごろ、南海から広州に到着した達磨の話を聴いた広州刺史車朗が宋の文帝に上奏し、文帝は使者を派遣して達磨を迎えたという。また梁(南朝)の520年ごろ、

▲左　豊かな身体をもつ銅像、笑みが浮かぶ。　▲右　ここに六祖慧能の髪が納められているという

仏教の保護者として知られる武帝の時代にインドから中国を訪れたというものもある。このとき「どのように衆生を救済されるのか」という武帝の問いに「一時の教えももってきていません」と達磨は答えたとされる（また南海ではなく、西域経由で中国に来たという説もある）。禅とは「瞑想」を意味するジュハナの中国語音写で、坐禅をして精神を集中する。この達磨は北魏がおさめた嵩山少林寺にあって、壁に向かって9年間坐禅をした「面壁九年」の故事で知られる。

広東省

慧能の受戒

唐代に生きた慧能は菩提達磨を初代とする禅宗の六祖として知られ、南宗禅の創始者として知られる（慧能の時代から、北宗禅と南宗禅にわかれた）。慧能は「新州（広東省新興県）の百姓なり」と答えていることから、当時、広東は野蛮な土地とされていたが、「菩提本樹無し、明鏡また台に非ず、本来無一物、何のところにか塵埃を惹かん」といった思想で、禅宗の正当な第6代後継者となった。広東省に戻った慧能は、676年、法性寺（光孝寺）の菩提樹のもとで受戒し、韶関の南華寺やこの光孝寺を拠点に仏法を広めた。栄西の臨済宗、

広州と嶺南仏教の伝統 Guangzhou

道元の曹洞宗、隠元の黄檗宗などはすべて慧能の系統から出ている。

Guide,
Gu Cheng Xi Fang
古城西部
城市案内

夜遅くまで人の絶えない上下九路
広州を流れて南海へ注ぐ珠江
欧風建築が見られる沙面を歩く

上下九路 上下九路 shàng xià jiǔ lù
シャンシャアジウリュウ [★★★]

上下九路は広州を代表する繁華街で、1km以上に渡ってレストランや商店がならぶ(東が上九路、西が下九路)。広州酒家、蓮香楼などの老舗から新店までさまざまな店が軒をつらね、にぎわいは夜遅くまで続く。この上下九路の歩行街では、騎楼と呼ばれる華南独特の建築様式が見られ、夏の暑さや雨を防げるようになっている。南越の高床式住居を受け継ぐ、また華僑が西欧の回廊建築をまねたなどと言われ、この地方に適した様式として華南地方で広く見られる。

【地図】上下九路と古城西部

【地図】上下九路と古城西部の [★★★]
- [ ] 上下九路 上下九路シャンシャアジウリュウ
- [ ] 沙面 沙面シャアミィエン

【地図】上下九路と古城西部の [★★☆]
- [ ] 広州酒家 广州酒家グァンチョウジゥジャア
- [ ] 蓮香楼 莲香楼リィアンシャンロウ
- [ ] 珠江 珠江チュウジアン
- [ ] 陳家祠 陈家祠チェンジャアツー

【地図】上下九路と古城西部の [★☆☆]
- [ ] 華林寺 华林寺ファリンスー
- [ ] 清平路 清平路チンピンルウ

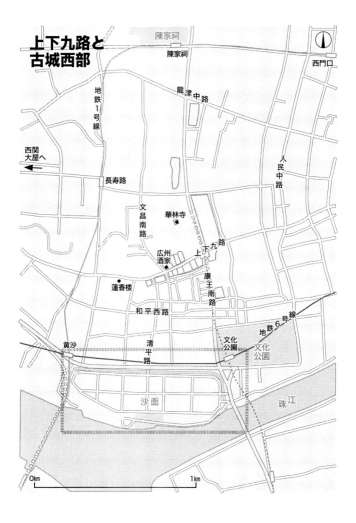

広東省

広州酒家 广州酒家 guǎng zhōu jiǔ jiā
グァンチョウジゥジャア [★★☆]

「食在広州」の額がかかる広州酒家は広州でも知られた老舗で、代表的な広東料理を食することができる。前身の西南酒家のあとを受けて1939年に開店し、国民党要人や実業家などの接待に利用されるなど広州の近現代史とともに歩んできた。1949年に中華人民共和国が成立すると、質素な料理を扱うようになり、食糧が不足した1950年代末から60年代には限られた食材のなか、9品からなるサツマイモの宴会料理を400人分提供したことで知られる。

▲左 広東人の生活の一部とも言える飲茶、蓮香楼にて。　▲右 広州酒家、「食は広州にあり」の文字が見える

蓮香楼 莲香楼 lián xiāng lóu リィアンシャンロウ ［★★☆］

点心や月餅などのお菓子で知られる蓮香楼（蓮の実を使うお菓子を得意とすることからその名前がつけられた）。蓮香楼は清代の1889年にさかのぼり、1910年に点心と月餅を扱いはじめ、その味と種類の豊富さで知られるようになった。陶陶居とともに広州を代表する飲茶の名店として知られる（北京路や上下九路に店舗がある）。

華林寺 华林寺 huá lín sì ファリンスー ［★☆☆］

上下九路の近くに位置する古刹、華林寺。520年ごろ、南イ

CHINA
広東省

▲左　菩提達磨が創建したという華林寺。　▲右　金色に輝く彫像がならぶ羅漢堂

ンドから海路を利用して3年かけて中国にやってきた菩提達磨にゆかりある寺として知られる。このあたりの地名は、西来初地（達磨が西方からはじめて来た場所）と呼ばれ、この寺も西来庵と呼ばれていた。清代初期に華林寺と改称され、境内にはこの寺の創始者であるという達磨の像が残るほか、羅漢堂と天龍経堂が現存する。羅漢堂には五百羅漢像が安置されている（マルコ・ポーロだと言われる一体もある）。

珠江 珠江 zhū jiāng チュウジアン [★★☆]

珠江は中国華南を流れる最大の川で、広州城の南に海珠と呼

【MEMO】

【地図】沙面

【地図】沙面の [★★★]
☐ 沙面 沙面シャアミィエン

【地図】沙面の [★★☆]
☐ 珠江 珠江チュウジアン

【地図】沙面の [★☆☆]
☐ 清平路 清平路チンピンルウ

CHINA
広東省

ばれる砂州があったことからこの名前がつけられた(またアラビアやペルシャ商人が交易用の真珠を川底に落とし、それによって光ったことによるとも言われる)。大きく雲南省から流れる西江、湖南・江西省南部から流れる北江、江西省から流れる東江という支流からなり、最大の西江は2129kmの全長をもつ。広州の西で西江と北江が、広州の南東で東江が合流し、河口部では虎門や崖門など8つの門から南海に注ぐ。この珠江を使った交易、交通網がはりめぐらされ、広州港は河港で、広州から珠江を東にくだった黄埔港は海港となっている。

▲左　珠江にのぞむ沙面公園で語らうふたり。　▲右　朝の上下九路、両脇に商店がならぶ

沙面 沙面 shā miàn シャアミィエン［★★★］

広州古城の南側、珠江にのぞむように浮かぶ沙面。西から広州の街へ流れてきた珠江が二手にわかれる地点の砂州が埋め立てられ、東西900m、南北300mの楕円形状の島となっている。明代以来、西欧人が交易を求めて中国東南部に現れたが、珠江に面した広州古城南側の地は外国貿易用の波止場として使われてきた。当初、沙面の北側あたりに十三夷館と呼ばれる居留地があったが、1860年に沙面が租借され、ここに外国の領事館や商館が構えられるようになった（かつて、この沙面には塀がめぐらされ、1本の橋だけで広州市街と結

ばれる浮き島のようになっていた)。現在でも、西欧風建築がならび、東西に大通り、南北に5本の通りが走り、外国の領事館などがおかれている。

カントン体制と十三行

明代から西欧列強が中国東南沿岸部に現れ、1557年以来、ポルトガルは広州近くのマカオへの居住を許されるようになっていた。清代に入ると、1842年、アヘン戦争後に南京条約が結ばれるまで、清朝は実質的な鎖国政策をとり対外貿易は広州一港に限られていた。今の文化公園の地に十三夷館

▲左　夜、ライトアップされた沙面の建築。　▲右　中国と西欧が衝突し、交わった沙面

と呼ばれる外国人居留地がつくられ、朝鮮、ベトナム、琉球などの朝貢国と違って、西欧商人はここで管理されることになった（ちょうど江戸時代の長崎のように、北京から遠く離れたこの地に外国人を隔離した）。18世紀、清朝の乾隆帝にイギリスのマカートニーが通商の拡大を求めたがかなわず、西欧と中国の貿易は広州で十三行と呼ばれる中国商人が行なった。税や貿易をあつかう行商のなかでは、潘仕成のように財をなした者もいて、その邸宅海山仙館の名はヨーロッパにまで知られていたという。

広東省

清平路 清平路 qīng píng Lù チンピンルウ ［★☆☆］
広州南側の清平路の界隈は、かつてヘビや猿、猫、ネズミなどの食材をあつかう店がならぶことで知られていた（こうした市場は郊外へ移動した）。現在、清平路には漢方などを売る店が見られるほか、近くには広州人の胃袋を支える肉や野菜を扱う店がならんでいる。

▲左　かつての広州城外にあたった西関大屋。　▲右　清平路、軒先では各種漢方が見られる

蛇料理と広東人

三蛇、五蛇などという言葉に代表されるように数種類のヘビを煮込んだスープが知られる広東料理。この地域でとれるヘビは100種類以上と言われ、とくに養分をたくわえる冬眠前に食することが好まれる。また酒に入れて飲むことで神経痛や関節炎にも効果があるなど、広東料理を彩る食材となっている。

【地図】西関大屋

【地図】西関大屋の [★★★]
- [ ] 上下九路 上下九路シャンシャアジウリュウ

【地図】西関大屋の [★★☆]
- [ ] 西関大屋 西关大屋シィガンダァウー
- [ ] 広州酒家 广州酒家グァンチョウジゥジャア
- [ ] 蓮香楼 莲香楼リィアンシャンロウ
- [ ] 陳家祠 陈家祠チェンジャアツー

【地図】西関大屋の [★☆☆]
- [ ] 華林寺 华林寺ファリンスー

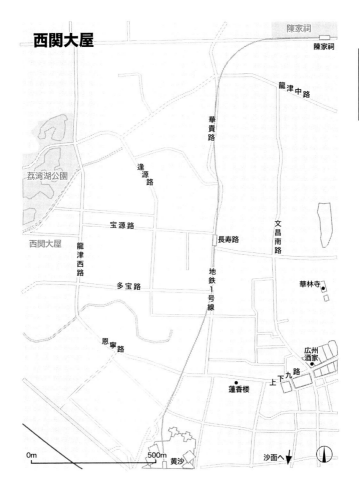

広東省

西関大屋 西关大屋 xī guān dà wū
シィガンダァウー［★★☆］

広州市街の西側をしめる華南特有の様式で建てられた住宅がならぶ西関大屋。清代、広州城外の西にあたったところから西関という地名がつけられ、珠江に面した対外貿易で巨利を築いた中国商人や官吏によって住宅が築かれた。そのため西関では、それら商人のもと民衆文化が花開き、ここが広州の新たな商業の中心地、文化の発信地となった。なかでも粤劇と呼ばれる広東省の芝居はじめ、音楽、演劇、曲芸などが西関で発展した。

▲左　陳家祠を正面からのぞむ、前面にあるのは牌楼。　▲右　陳家祠で見られた展示、当時の様子を伝える

陳家祠 陈家祠 chén jiā cí チェンジャアツー ［★★☆］

中山七路に面する陳家祠は、華南最大規模の祠で、1万3000㎡もの広大な敷地に大小19の書院がならぶ。アヘン戦争が終わったあとの19世紀末の清代、広東省に暮らす陳姓の人々が資金を集めて建て、一族共通の祠堂とした。建物は色鮮やかな瑠璃塼、木彫り、塑像などの装飾で満たされ、嶺南祠堂様式と呼ばれる外部に対して開放的なプランをもつ。広東民間工芸博物館としても利用され、刺繍、玉器、陶器などからは民間工芸品の精華を感じられる。

広東省

外に対して開かれた建物

「南船北馬」という言葉に象徴されるように、中国の南方と北方では人々の文化や生活様式が大きく異なる。麦を主食とする北方人に対して、米を主食とする南方人。また北方の住居が、塼（レンガ）を積みあげ、周囲を壁で囲むのに対して、南方の住居では梁と柱の木材がもちいられ、外部に対して開放的になっている。この建築様式の違いは、寒冷な冬をもつ北方と湿気が多く亜熱帯性の気候をもつ南方という環境の違いなどに由来する。

広州から
マラッカ
インド洋

CHINA
広東省

中国の南大門として対外貿易の中心をになってきた広州
ここはインド洋を横断する海のシルクロードの拠点となっていた
南海の香料が中国へ、また中国の陶磁器が西へと運ばれた

インド洋を渡る、海のシルクロード

古代ローマの人々が求めた中国の絹、それを運ぶ交易路をシルクロードと呼ぶ。中央アジアからローマへいたる陸のシルクロードに対して、積み荷を載せた船がインド洋を渡る海路は海のシルクロードと呼ばれる。広州や泉州から出発した船は、東南アジア（マラッカ）を経てインド洋にいたり、そこからアラビア半島、東アフリカまで道は続いた。海を使った交易は、陸よりも安全で大量の物産を運ぶことができ、宋代、中国製陶磁器の人気が出ると、割れないように運べる利点から海のシルクロードが繁栄した。

▲左　華林寺にて、象牙は南海交易の目玉のひとつだった。　▲右　広州人の胃袋を支える市場

ペルシャ、アラブ人の中国進出

唐代、ダウ船と呼ばれる西方の帆船が交易で活躍し、西南の風は4月末〜5、6月ころに吹く西南の風で南海から広州へいたり、10月末〜12月のあいだに吹く東北の風で広州から南海へいたった。この時代、広州には多数のペルシャ人やアラブ人が暮らしていて、やがて5年、10年と滞在し、子や孫の代まで暮らす住唐も現れた。ペルシャ人とアラブ人と中国人が混血して、徐々に回族が形成されていった（南漢の劉鋹がペルシャ女を後宮におさめて政治を腐敗させたことも知られる）。

広東省

中国人の南海進出

唐代、インド洋交易はイスラム商人が中心的な役割をになっていたが、やがて9世紀以降の宋代には中国の航海技術(ジャンク船や羅針盤)が進歩をとげ、多くの中国人が南海に繰り出した。これらの中心となったのが、広東省や福建省の人々で、とくに15世紀になるとイスラム教徒の鄭和がインド洋から東アフリカまで航海し、明朝の威光を各地で示した。ジャンク船の大船団を率いた鄭和の大航海は、1405年から30年に渡り7回行なわれ、その宝船はマストが9本あり、船体の長さ140m、幅57mという巨大なものだった(第2次、第6

▲左 光孝寺の境内、中国有数の古刹と言える。　▲右 アラビア文字が見える、懐聖寺にて

次は、広州から出発している)。鄭和はこの航海のなかでアフリカの動物キリンを中国にもち帰っている。

ヨーロッパ人の東方進出

15世紀以降、イスラム商人や中国人商人が往来したインド洋に、大航海時代を迎えたヨーロッパが参入するようになった。その先手となったのが、大西洋にのぞむ国土をもつポルトガルで、アフリカ大陸を南下して喜望峰を越え、東方で胡椒をはじめとする香辛料の獲得、キリスト教の布教にあった。ポルトガル船団をひきいたバスコ・ダ・ガマがインドのカリ

CHINA
広東省

カットに到着した1498年は、ヨーロッパ側ではインド航路の「発見」の年とされる。やがて中国東南沿海部へ着いたポルトガルは、広州近くのマカオの居住を許可され、以来、マカオが中国における布教拠点となった。

Guangzhou

広州からマラッカインド洋

参考文献

『海のシルクロード5』（中野美代子 / 日本放送出版協会）

『民族の世界史5 漢民族と中国社会』（岡正雄 / 山川出版社）

『広東省』（辻康吾 / 弘文堂）

『中国の歴史散歩4』（山口修 / 山川出版社）

『広東十三行考』（梁嘉彬著・山内喜代美訳 / 大空社）

『広州歳時記1〜4』（永倉百合子 / アジア遊学）

『アジアは語る 名菜は名店より』（日野みどり / アジア遊学）

『全調査東アジア近代と都市と建築』（藤森照信 / 筑摩書房）

『廣州』（黄菘華・楊万秀 / 中国建筑工业出版社）

『世界大百科事典』（平凡社）

[PDF］広州地下鉄路線図 http://machigotopub.com/pdf/guangzhoumetro.pdf

[PDF］広州白雲空港案内 http://machigotopub.com/pdf/guangzhouairport.pdf

[PDF］広州地下鉄歩き http://machigotopub.com/pdf/metrowalkguangzhou.pdf

まちごとパブリッシングの旅行ガイド

Machigoto INDIA , Machigoto ASIA , Machigoto CHINA

【北インド - まちごとインド】

001 はじめての北インド
002 はじめてのデリー
003 オールド・デリー
004 ニュー・デリー
005 南デリー
012 アーグラ
013 ファテープル・シークリー
014 バラナシ
015 サールナート
022 カージュラホ
032 アムリトサル

【西インド - まちごとインド】

001 はじめてのラジャスタン
002 ジャイプル
003 ジョードプル
004 ジャイサルメール
005 ウダイプル
006 アジメール（プシュカル）
007 ビカネール
008 シェカワティ
011 はじめてのマハラシュトラ
012 ムンバイ
013 プネー
014 アウランガバード
015 エローラ
016 アジャンタ
021 はじめてのグジャラート
022 アーメダバード
023 ヴァドダラー（チャンパネール）
024 ブジ（カッチ地方）

【東インド - まちごとインド】

002 コルカタ
012 ブッダガヤ

【南インド - まちごとインド】

001 はじめてのタミルナードゥ
002 チェンナイ
003 カーンチプラム
004 マハーバリプラム
005 タンジャヴール
006 クンバコナムとカーヴェリー・デルタ
007 ティルチラパッリ
008 マドゥライ
009 ラーメシュワラム
010 カニャークマリ
021 はじめてのケーララ
022 ティルヴァナンタプラム
023 バックウォーター（コッラム〜アラップーザ）
024 コーチ（コーチン）
025 トリシュール

【ネパール - まちごとアジア】

001 はじめてのカトマンズ
002 カトマンズ
003 スワヤンブナート

004 パタン
005 バクタプル
006 ポカラ
007 ルンビニ
008 チトワン国立公園

【バングラデシュ - まちごとアジア】

001 はじめてのバングラデシュ
002 ダッカ
003 バゲルハット（クルナ）
004 シュンドルボン
005 プティア
006 モハスタン（ボグラ）
007 パハルプール

【パキスタン - まちごとアジア】

002 フンザ
003 ギルギット（KKH）
004 ラホール
005 ハラッパ
006 ムルタン

【イラン - まちごとアジア】

001 はじめてのイラン
002 テヘラン
003 イスファハン
004 シーラーズ
005 ペルセポリス
006 パサルガダエ（ナグシェ・ロスタム）
007 ヤズド
008 チョガ・ザンビル（アフヴァーズ）
009 タブリーズ

010 アルダビール

【北京 - まちごとチャイナ】

001 はじめての北京
002 故宮（天安門広場）
003 胡同と旧皇城
004 天壇と旧崇文区
005 瑠璃廠と旧宣武区
006 王府井と市街東部
007 北京動物園と市街西部
008 頤和園と西山
009 盧溝橋と周口店
010 万里の長城と明十三陵

【天津 - まちごとチャイナ】

001 はじめての天津
002 天津市街
003 浜海新区と市街南部
004 薊県と清東陵

【上海 - まちごとチャイナ】

001 はじめての上海
002 浦東新区
003 外灘と南京東路
004 淮海路と市街西部
005 虹口と市街北部
006 上海郊外（龍華・七宝・松江・嘉定）
007 水郷地帯（朱家角・周荘・同里・甪直）

【河北省 - まちごとチャイナ】

001 はじめての河北省
002 石家荘
003 秦皇島
004 承徳
005 張家口
006 保定
007 邯鄲

【江蘇省 - まちごとチャイナ】

001 はじめての江蘇省
002 はじめての蘇州
003 蘇州旧城
004 蘇州郊外と開発区
005 無錫
006 揚州
007 鎮江
008 はじめての南京
009 南京旧城
010 南京紫金山と下関
011 雨花台と南京郊外・開発区
012 徐州

【浙江省 - まちごとチャイナ】

001 はじめての浙江省
002 はじめての杭州
003 西湖と山林杭州
004 杭州旧城と開発区
005 紹興
006 はじめての寧波
007 寧波旧城
008 寧波郊外と開発区
009 普陀山
010 天台山
011 温州

【福建省 - まちごとチャイナ】

001 はじめての福建省
002 はじめての福州
003 福州旧城
004 福州郊外と開発区
005 武夷山
006 泉州
007 厦門
008 客家土楼

【広東省 - まちごとチャイナ】

001 はじめての広東省
002 はじめての広州
003 広州古城
004 天河と広州郊外
005 深圳(深セン)
006 東莞
007 開平(江門)
008 韶関
009 はじめての潮汕
010 潮州
011 汕頭

【遼寧省 - まちごとチャイナ】

001 はじめての遼寧省
002 はじめての大連
003 大連市街
004 旅順
005 金州新区

006 はじめての瀋陽
007 瀋陽故宮と旧市街
008 瀋陽駅と市街地
009 北陵と瀋陽郊外
010 撫順

【重慶 - まちごとチャイナ】

001 はじめての重慶
002 重慶市街
003 三峡下り（重慶〜宜昌）
004 大足

【香港 - まちごとチャイナ】

001 はじめての香港
002 中環と香港島北岸
003 上環と香港島南岸
004 尖沙咀と九龍市街
005 九龍城と九龍郊外
006 新界
007 ランタオ島と島嶼部

【マカオ - まちごとチャイナ】

001 はじめてのマカオ
002 セナド広場とマカオ中心部
003 媽閣廟とマカオ半島南部
004 東望洋山とマカオ半島北部
005 新口岸とタイパ・コロアン

【Juo-Mujin（電子書籍のみ）】

Juo-Mujin 香港縦横無尽
Juo-Mujin 北京縦横無尽
Juo-Mujin 上海縦横無尽

【自力旅游中国 Tabisuru CHINA】

001 バスに揺られて「自力で長城」
002 バスに揺られて「自力で石家荘」
003 バスに揺られて「自力で承徳」
004 船に揺られて「自力で普陀山」
005 バスに揺られて「自力で天台山」
006 バスに揺られて「自力で秦皇島」
007 バスに揺られて「自力で張家口」
008 バスに揺られて「自力で邯鄲」
009 バスに揺られて「自力で保定」
010 バスに揺られて「自力で清東陵」
011 バスに揺られて「自力で潮州」
012 バスに揺られて「自力で汕頭」
013 バスに揺られて「自力で温州」

【車輪はつばさ】
南インドのアイラヴァテシュワラ寺院には建築本体に車輪がついていて寺院に乗った神さまが人びとの想いを運ぶと言います。

・本書はオンデマンド印刷で作成されています。
・本書の内容に関するご意見、お問い合わせは、発行元の
　まちごとパブリッシング info@machigotopub.com までお願いします。

まちごとチャイナ
広東省003広州古城
～「海のシルクロード」と中国南大門 [モノクロノートブック版]

2017年11月14日　発行

著　者	「アジア城市（まち）案内」制作委員会
発行者	赤松　耕次
発行所	まちごとパブリッシング株式会社
	〒181-0013　東京都三鷹市下連雀4-4-36
	URL http://www.machigotopub.com/
発売元	株式会社デジタルパブリッシングサービス
	〒162-0812　東京都新宿区西五軒町11-13
	清水ビル3F
印刷・製本	株式会社デジタルパブリッシングサービス
	URL http://www.d-pub.co.jp/

MP111

ISBN978-4-86143-245-3 C0326　　　Printed in Japan
本書の無断複製複写（コピー）は、著作権法上での例外を除き、禁じられています。